Ex LIBRIS

ISBN 3-8157-4133-5

Textsatz: Britta Paus
Printed in Italy

www.coppenrath.de

Ulrike Kaup & Kathrin Jauer

DER KLEINE HERR MÜLLER UND DAS GROSSE GLÜCK

COPPENRATH

Zwei Monate hatte der kleine Herr Müller auf sein neues Auto gewartet.

„Danke für Ihre Geduld", sagte der Verkäufer, „dafür erhalten Sie einen Restaurant-Gutschein und ...

... unseren Glücksbringer."

Zum Glück kein Wackel-Dackel, dachte der kleine Herr Müller. Und dann dachte er nur noch an sein schnelles Auto ...

… bis er plötzlich eine Stimme hörte …

Ein sprechender Glücksbringer? Das verwunderte selbst einen Außendienstleiter aus der Waschmittelbranche.

Es kam noch besser. Das sprechende Kamel war ein echter Glücksfall! Schimpfte der kleine Herr Müller über einen Stau, dann sagte Rhonda:

„Wenn Sie sich weiter so schwarz ärgern, nützt Ihnen das beste Waschmittel nichts."

Und wenn der kleine Herr Müller am Zoo vorbeifuhr und sagte: „Da gebe ich dich ab, wenn du nicht gleich still bist!", sagte Rhonda: „Sie können mir mal den Buckel runterrutschen. Gleich zweimal."

Der kleine Herr Müller und Rhonda hatten wirklich viel Spaß miteinander…

… Tag für Tag …

…Fahrt für Fahrt…

Die Ampeln sprangen jetzt schneller auf Grün …

… die Empfangsdamen lächelten um die Wette …

... die Waschmittelkunden überhäuften den kleinen
Herrn Müller mit Aufträgen ...

… und schon bald diktierte er seine Briefe in einem piekfeinen, neuen Büro …

... bis eines Tages ...

Fräulein Malwina hereinspazierte.

Und weil der kleine Herr Müller schon viel zu lange viel zu viel arbeitete, wurde sie seine Assistentin.

Tag für Tag, Fahrt für Fahrt begleitete sie den kleinen Herrn Müller.

Sie war ein echter Glücksfall.

Und zwei reizende Höcker hatte sie auch.

Regte sich der kleine Herr Müller über einen Kunden auf, sagte Fräulein Malwina verschmitzt:

„Wenn Sie sich weiter so schwarz ärgern, brauche ich bald eine rosarote Brille."

Kam er nach einer hitzigen Debatte aus einem Meeting, sagte sie: „Ich kenne da eine nette Eisdiele. Sie sollten sich dort ein wenig mit mir abkühlen."

... 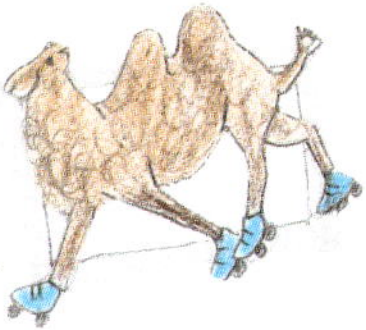

Dann spendierte ihr der kleine Herr Müller einen Ananasbecher und erzählte Rhonda-Geschichten, die Fräulein Malwina sehr amüsierten.

Fräulein Malwina ließ sich nun häufiger von dem kleinen Herrn Müller einladen ...

…bis sich der kleine Herr Müller eines Tages wunderte, dass Rhonda immer sehr unglücklich aussah, sobald Fräulein Malwina im Auto saß.

„Ihnen Glück zu bringen, macht auch mich glücklich",
seufzte Rhonda. „Doch ich weiß: Wenn ich Ihnen das ganz große Glück gebracht habe, erlischt mein Zauber."

„Ich verstehe nicht…", sagte der kleine Herr Müller. „Gehst du dann fort oder löst du dich in Luft auf?"

„Nein", antwortete Rhonda traurig. „Aber ich werde nichts weiter mehr sein als ein lebloses Ding ...

... das für immer verstummt und langsam verstaubt."

„Ich verstehe", sagte der kleine Herr Müller.
„Dann ist mein Glück dein Unglück."

Der kleine Herr Müller wurde sehr nachdenklich. Er fuhr nicht mehr in die Eisdiele und erzählte keine Rhonda-Geschichten mehr...

… und Fräulein Malwina saß allein vor ihrem Ananasbecher …

… bis sich der kleine Herr Müller entschloss, endlich, an seinem Geburtstag, den Restaurant-Gutschein vom Autohaus einzulösen und Fräulein Malwina einzuladen.

Und während sie aßen und tranken, sprachen sie über Gott und die Welt, nur nicht über Waschmittel und Kamele.

Beim Abschied schaute Fräulein Malwina dem kleinen Herrn Müller tief in die Augen.

Am liebsten hätte er sie auf den Mund geküsst, doch er sagte nur:
„Vielen Dank für die reizende Gesellschaft ... und schlafen Sie gut!"

Fräulein Malwina schlief gar nicht gut in dieser Nacht. Vielleicht, überlegte sie, bin ich nicht hübsch genug für einen Außendienstleiter aus der Waschmittelbranche.

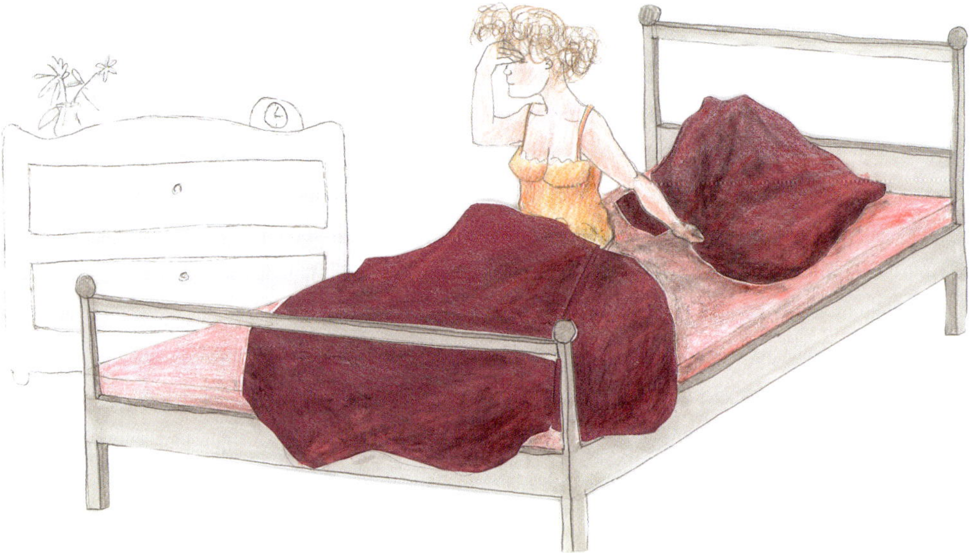

Dem kleinen Herrn Müller erging es nicht besser.

Vielleicht, dachte er, bin ich einfach zu klein für das große Glück.

Als der kleine Herr Müller am Morgen ins Büro kam, tippte Fräulein Malwina um ihr Leben.

Der kleine Herr Müller wollte, dass sie damit aufhörte,

lief hin und her, hin und her …

... bis er es nicht mehr aushielt, alle Kabel und Stöpsel aus dem Computer riss und Fräulein Malwina so heftig küsste, dass ihr die Kopfhörer von den Ohren flogen.

Das war der Moment, vor dem Rhonda sich gefürchtet hatte.

Der kleine Herr Müller und Fräulein Malwina heirateten und wurden sehr glücklich miteinander…

Nur manchmal, wenn der kleine Herr Müller auf das Kamel schaute, dann stieg eine leise Wehmut in ihm auf ...

Aber das ist vielleicht auch ein Stück vom Glück.